ソウル特別市

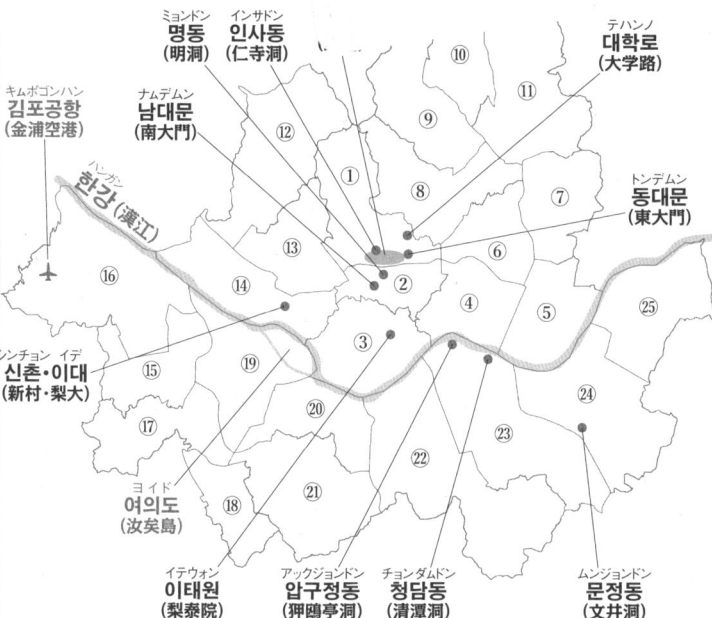

ミョンドン 명동 (明洞)
インサドン 인사동 (仁寺洞)
テハンノ 대학로 (大学路)
キムポコンハン 김포공항 (金浦空港)
ナムデムン 남대문 (南大門)
ハンガン 한강 (漢江)
トンデムン 동대문 (東大門)
シンチョン イデ 신촌·이대 (新村·梨大)
ヨイド 여의도 (汝矣島)
イテウォン 이태원 (梨泰院)
アックジョンドン 압구정동 (狎鴎亭洞)
チョンダムドン 청담동 (清潭洞)
ムンジョンドン 문정동 (文井洞)

① **종로구** 鍾路区
チョンノグ

② **중구** 中区
チュング

③ **용산구** 龍山区
ヨンサング

④ **성동구** 城東区
ソンドング

⑤ **광진구** 広津区
クァンジング

⑥ **동대문구** 東大門区
トンデムング

⑦ **중랑구** 中浪区
チュンナング

⑧ **성북구** 城北区
ソンブック

⑨ **강북구** 江北区
カンブック

⑩ **도봉구** 道峰区
トボング

⑪ **노원구** 芦原区
ノウォング

⑫ **은평구** 恩平区
ウンピョング

⑬ **서대문구** 西大門区
ソデムング

⑭ **마포구** 麻浦区
マポグ

⑮ **양천구** 陽川区
ヤンチョング

⑯ **강서구** 江西区
カンソグ

⑰ **구로구** 九老区
クログ

⑱ **금천구** 衿川区
クムチョング

⑲ **영등포구** 永登浦区
ヨンドンポク

⑳ **동작구** 銅雀区
トンジャック

㉑ **관악구** 冠岳区
クァナック

㉒ **서초구** 瑞草区
ソチョグ

㉓ **강남구** 江南区
カンナムグ

㉔ **송파구** 松坡区
ソンパグ

㉕ **강동구** 江東区
カンドング

増補改訂版

まずはここから！
やさしい韓国語 カタコト会話帳

李 知胤 著　**増田忠幸** 監修
イ・ジユン　　　　ますだ・ただゆき

ことばを通じて もっと「近くて近い」関係に
~著者まえがき

　日本から地理的にいちばん近い国でありながら、「近くて遠い国」と呼ばれてきた韓国。しかし、最近は韓国のドラマや映画が日本でたくさん紹介されるようになり、韓国に対する日本人の興味がかつてないほど高まっています。ドラマのロケ地を訪問するツアーをはじめ、買い物やグルメ、エステなど、さまざまな目的で韓国旅行を計画している方も多いと思います。

　海外旅行の目的は人それぞれでも、共通して言えるのは、ほんのカタコトでも現地のことばがしゃべつると、海外旅行は何倍も楽しくなるということです。

　そこで本書は、基本的なあいさつや受け答えのフレーズなど、韓国旅行に行った際に使う場面の多いものをピックアップしました。また、その場その場で対応できるように、いろいろなシーンごとに知っておくと便利なフレーズや単語を厳選して配列しました。その際、単語やフレーズは、なるべくふだんふつうに使う言いまわしを選び、発音ルビもまた、より伝わりやすいことを重視してつけています。

　外国語は苦手だと食わず嫌いをしている人には声を大にして言いたいのですが、じつは、韓国語ほど日本人にとって学びやすい言語はありません。というのも、韓国語と日本語は文章のしくみがよく似ており、日本語の文章のそれぞれの単語を入れ替えていけば、韓国語の文章になってしまうのです。

　また、日本語のひらがなやカタカナにあたるハングル（韓国語の文字）は、とても合理的なしくみでできています。はじめは「〇や□やLが組み合わさって、まるで暗号みたいだ」と思うかもしれませんが、すこしかじっただけでも、ある程度読めるようになります。

　そのような点から、日本と韓国は、地理的な距離だけでなく、使っている言語も「近い」関係にある、と言えるわけです。

　このたび12年ぶりに全面改訂となった本書を通じて、韓国と韓国語がみなさんにとって「近くて近い国」になったら幸いです。

李 知胤（イ ジユン）

カタコトのすすめ
～監修者まえがき

　ショッピング、エステ、グルメにとどまらず、最近ではドラマ、映画に音楽と、韓国への関心はさまざまなジャンルに広がってきました。そして、韓国に行く人、「ことば」を覚えたいという人もますます増えています。

　しかし、韓国語の文字である「ハングル」は記号のようでわかりにくいし、発音もむずかしそうだからと敬遠する人も少なくないようです。なじみのない「文字」を覚えるのはたいへんだ、いますぐ使える会話表現をまず知りたい──本書はそんな人のための「ことばのガイドブック」です。

　実は「ハングル」はしくみさえわかれば、思ったよりも理解しやすいのですが、はじめは文字や発音を覚えようとしなくてもかまいません。「ハングル」が読めなくても、この本にはカタカナで「ふりがな」がついています。タイトルが示すように、場面に応じた、やさしい表現を選び、まず声に出して読んでみてください。

　もちろん、「ハングル」で書かれた韓国語の発音を、すべて日本語の「かな」で正確にあらわすことはできません。ですから、文字どおり「カタコト」の韓国語になってしまうかもしれません。でも、外国人が「カタコト」の日本語で話しかけてきた場面を想像してみてください。完全ではなくても、あれこれ話しているうちに、なんとなくおたがいの意思は伝わるのではないでしょうか。

　大切なのは上手にしゃべることではなく、伝えようとする気持ちです。どうしてもうまく伝わらなければ、伝えたい表現を指さしてもいいでしょう。まずは、「韓国語」で一声かけてみましょう。そこから、コミュニケーションが始まります。

　そして、気持ちが伝わったら、つぎは「ハングル」を読んで話せるよう、ぜひチャレンジしてみてください。「カタコト」から皆さんの世界が広がることを祈っています。

増田忠幸

もくじ

著者まえがき	002
監修者まえがき	003
ハングルのしくみについて知ろう！	006
自分の名前をハングルで書いてみよう！	010
まずはあいさつ	012
初対面のあいさつ	016
自己紹介をしよう	018
日本と韓国の50大姓	020
お礼や謝るときのひとこと	022
ちょっと話しかけたいとき	024
別れるときのあいさつ	026
受け答えのひとこと	030
かならず覚えておきたいひとこと	034
もしものときの、とっさのひとこと	036
緊急事態です	038
物をさすときの「こ・そ・あ・ど」ことば	040
場所をさすときの「こ・そ・あ・ど」ことば	042
人をさすことば	044
空港で	048
両替所で	052
韓国のお札	054
ホテルで	056
一人歩き	064

観光する	068
レストランや食堂で	072
韓国料理のいろいろ	086
ショッピング	094
形やサイズいろいろ	098
色のいろいろ	100
薬局・病院で	106
体のあちこちの名前	110
あかすり、マッサージ	112
いよいよ帰国	116
いろいろ使える基本文	118
職業のいろいろ	120
いろいろ使えるカタコトフレーズ	130
相手のことをたずねるフレーズ	142
十二支	144
十二星座	146
家族・親族の言い方	148
基本的な助詞	150
漢数詞と固有数詞	152
漢数詞を使う助数詞	154
固有数詞を使う助数詞	155
曜日や四季、時間帯などの言い方	156
韓国でいまだに通じる日本語	158

ハングルのしくみについて知ろう！

ハングルって何だ？

　韓国語で使用されている文字を「ハングル」と言います。ハングルは「偉大なる文字」という意味です。「偉大」というにふさわしく、ひじょうに合理的なしくみになっています。その最大の特徴は「表音文字」であること。ローマ字のように、母音と子音のパーツを覚えて組み合わせるだけで、いろいろな文字が書けてしまうのです。
　たとえば、「ハングル」ということばを韓国語で書くと、

한글

となります。日本語だと「ハ・ン・グ・ル」で4文字ですが、韓国語ではたった2文字。そのわけは、「한」という字で「ハン」、「글」という字で「グル」と読むからです。それぞれの文字を各パーツに分解すると、下のようになります。

　ㅎ (h)　ㅏ (a)　ㄴ (n)　　ㄱ (g)　ㅡ (ɯ)　ㄹ (l)

　では、もうひとつ。日本でもすっかりおなじみの食べ物である「キムチ」、これを韓国語で書くと、どうなるか？

김치

　日本語では「キ・ム・チ」で3文字ですが、韓国語では2文字になりました。「김」で「キム」、「치」で「チ」と読みます。それぞれの文字を各パーツに分解すると、下のようになります。

　ㄱ (k)　ㅣ (i)　ㅁ (m)　　ㅊ (tɕʰ)　ㅣ (i)

　ハングルのしくみ、すこしおわかりいただけたでしょうか。ちなみに、韓国語には8〜9ページに示したように、基本となる母音（基本母音）が10個、さらに基本母音を合成してできた合成母音が11個あります。いっぽう、子音のほうも、「平音」と呼ばれる子音が10個、息を激しく出して発音する「激音」が4個、息をまったく出さずに発音する「濃音」が5個、合計19個あります。
　でも、基本となるのは、母音が10個、子音も10個。だから、慣れればそんなに大変ではないはず。これらをローマ字を書くときみたいに組み合わせながら、すこしずつ慣れていきましょう。
　なお、10ページには「自分の名前をハングルで書いてみよう！」というコーナーをもうけました。ぜひチャレンジしてみてください。

■「KIMUCHI」と「KIMCHI」

　左ページで紹介した「한」「글」「김」という字の下にある部分（ㄴ、ㄹ、ㅁなど）を「パッチム」と呼んでいます。「支えるもの」という意味で、ここにはかならず子音がきて、その文字の最後の音になります。

　日本語はひとつの音節の最終音はほとんど母音ですが、韓国語は子音で終わる音節が多いのが特徴です。このパッチムの発音がうまくできると、「日本人っぽい韓国語の発音」から、「ネイティブの韓国人にちかい韓国語の発音」にちかづくことができます。

　たとえば、さきほどの「キムチ」。この発音で、日本人と韓国人のちがいがよくあらわれます。日本人は子音で終わる音節にあまり慣れていないので、「KIMUCHI」と発音してしまいます。しかし、ネイティブの韓国人は「KIMCHI」と発音します。「キムチ」の「ム」はパッチムなので、子音のみで母音はないのですが、日本人は「M」のあとに「U」を入れて発音してしまうのです。韓国に行ったときに、もし「KIMUCHI」という日本式の発音をすると、すぐに「日本人だな」とわかってしまいます。

　なお、この本ではハングルの上にカタカナで読みルビをふっていますが、その際、「ン」「ッ」以外のパッチムは小さな文字で表示しました（「ム」「ブ」「ク」など）。しかし、それでも韓国語の本来の発音は日本語のカタカナではあらわしきれないものであるということを、あらかじめ知っておいてください。カタカナの読みルビは、あくまでも韓国語に慣れるための「とっかかり」であるということです。

　もちろん、カタカナを棒読みするだけでも通じるのですが、できれば、表音文字であるハングル自体に慣れていただき、最終的にはカタカナの読みルビは「卒業」して、それとともに韓国語独特の発音も身につけていただくのがいいでしょう。

反切表 【ハングルの子音と母音を組み合わせた表】

平音

子音 母音	ㄱ k, g	ㄴ n	ㄷ t, d	ㄹ r, l	ㅁ m	ㅂ p, b	ㅅ s, ʃ	ㅇ 無	ㅈ ʨ, ʥ
ㅏ a	가 カ	나 ナ	다 タ	라 ラ	마 マ	바 パ	사 サ	아 ア	자 チャ
ㅑ ja	갸 キャ	냐 ニャ	댜 ティャ	랴 リャ	먀 ミャ	뱌 ピャ	샤 シャ	야 ヤ	쟈 チャ
ㅓ ɔ	거 コ	너 ノ	더 ト	러 ロ	머 モ	버 ポ	서 ソ	어 オ	저 チョ
ㅕ jɔ	겨 キョ	녀 ニョ	뎌 ティョ	려 リョ	며 ミョ	벼 ピョ	셔 ショ	여 ヨ	져 チョ
ㅗ o	고 コ	노 ノ	도 ト	로 ロ	모 モ	보 ポ	소 ソ	오 オ	조 チョ
ㅛ jo	교 キョ	뇨 ニョ	됴 ティョ	료 リョ	묘 ミョ	뵤 ピョ	쇼 ショ	요 ヨ	죠 チョ
ㅜ u	구 ク	누 ヌ	두 トゥ	루 ル	무 ム	부 プ	수 ス	우 ウ	주 チュ
ㅠ ju	규 キュ	뉴 ニュ	듀 ティュ	류 リュ	뮤 ミュ	뷰 ピュ	슈 シュ	유 ユ	쥬 チュ
ㅡ ɯ	그 ク	느 ヌ	드 トゥ	르 ル	므 ム	브 プ	스 ス	으 ウ	즈 チュ
ㅣ i	기 キ	니 ニ	디 ティ	리 リ	미 ミ	비 ピ	시 シ	이 イ	지 チ

基本母音

※「激音」は息を強く吐くように、「濃音」は息を詰まらせたように発音します。また、ㅎ(h) は激音として考える場合もあります。

激音				平音	濃音				合成母音
ㅊ tɕʰ	ㅋ kʰ	ㅌ tʰ	ㅍ pʰ	ㅎ h	ㄲ ʔk	ㄸ ʔt	ㅃ ʔp	ㅆ ʔs,ʔʃ	ㅉ ʔtɕ	ㅐ ɛ
차 チャ	카 カ	타 タ	파 パ	하 ハ	까 ッカ	따 ッタ	빠 ッパ	싸 ッサ	짜 ッチャ	ㅒ jɛ
챠 チャ	캬 キャ	탸 ティヤ	퍄 ピャ	햐 ヒャ	꺄 ッキャ	땨 ッティヤ	뺘 ッピャ	쌰 ッシャ	쨔 ッチャ	ㅔ e
처 チョ	커 コ	터 ト	퍼 ポ	허 ホ	꺼 ッコ	떠 ット	뻐 ッポ	써 ッソ	쩌 ッチョ	ㅖ je
쳐 チョ	켜 キョ	텨 ティヨ	펴 ピョ	혀 ヒョ	껴 ッキョ	뗘 ッティヨ	뼈 ッピョ	쎠 ッショ	쪄 ッチョ	ㅘ wa
초 チョ	코 コ	토 ト	포 ポ	호 ホ	꼬 ッコ	또 ット	뽀 ッポ	쏘 ッソ	쪼 ッチョ	ㅙ wɛ
쵸 チョ	쿄 キョ	툐 ティヨ	표 ピョ	효 ヒョ	꾜 ッキョ	뚀 ッティヨ	뾰 ッピョ	쑈 ッショ	쬬 ッチョ	ㅚ we
추 チュ	쿠 ク	투 トゥ	푸 プ	후 フ	꾸 ック	뚜 ットゥ	뿌 ップ	쑤 ッス	쭈 ッチュ	ㅝ wɔ
츄 チュ	큐 キュ	튜 ティユ	퓨 ピュ	휴 ヒュ	뀨 ッキュ	뜌 ッティユ	쀼 ッピュ	쓔 ッシュ	쮸 ッチュ	ㅞ we
츠 チュ	크 ク	트 トゥ	프 プ	흐 フ	끄 ック	뜨 ットゥ	쁘 ップ	쓰 ッス	쯔 ッチュ	ㅟ wi
치 チ	키 キ	티 ティ	피 ピ	히 ヒ	끼 ッキ	띠 ッティ	삐 ッピ	씨 ッシ	찌 ッチ	ㅢ ɯi

自分の名前をハングルで書いてみよう!

　ハングルのしくみがすこしわかったところで、さっそく実践練習。ここでは自分の名前をハングルで書いてみましょう。前ページに掲げた「反切表」を見てください。韓国語は日本語より母音も子音も多いので、たいへんな表になっています。しかし、ㅇやㅁ、ㄴなどのパーツさえ覚えてしまえば、あとは組み合わせの問題。ローマ字のように、いやローマ字よりも簡単で合理的なわけです。

　反切表をもとに、日本語のいわゆる50音をハングルで対応させたのが右の表です。それぞれのパーツの組み合わせであることがわかりますね。

　では、右の表をもとに、いろいろな名前をハングルで書いてみましょう。

　たとえば、「福沢諭吉」なら、下のようになります。

후쿠자와　유키치
ふ く ざ わ　ゆ き ち
　　(じゃ)

　「ふくざわ」の「く」と、「ゆきち」の「き」と「ち」は、それぞれ「쿠」「키」「치」と書きます。韓国語では語中(語頭以外)のカ行、タ行の音は濁音化するので、そう書かないと「ふぐざわ　ゆぎぢ」と読まれてしまうのです。このように、日本語の50音をハングル表記にするときにはいくつかの決まりごとがあるので、それらを以下にまとめておきます。

- 語中のカ行、タ行の音は、右表の右側のハングル(카、타など)を使う。
- 「ん」は、前の音の下にパッチム(7ページ参照)「ㄴ」をつける。
    例「じゅんいち」→「(주+ㄴ)+이+치」→「준이치」
    　「しんご」→「(시+ㄴ)+고」→「신고」
- 詰まる音の小さい「っ」は、前の音の下にパッチム「ㅅ」をつける。
    例「ほった」→「(호+ㅅ)+타」→「홋타」
    　「にった」→「(니+ㅅ)+타」→「닛타」
- のばす音は基本的に表記しない。「さとう」「かとう」の「う」も同様。
    例「さとう」→「サト」→「사토」
    　「かとう」→「カト」→「가토」

日本語のハングル表記 【韓国では日本語をハングルで下のように表記します。】

ひらがな	語頭のとき	語中のとき (語頭以外のとき)
あいうえお	아 이 우 에 오	아 이 우 에 오
かきくけこ	가 기 구 게 고	카 키 쿠 케 코
さしすせそ	사 시 스 세 소	사 시 스 세 소
たちつてと	다 지 쓰 데 도	타 치 쓰 테 토
なにぬねの	나 니 누 네 노	나 니 누 네 노
はひふへほ	하 히 후 헤 호	하 히 후 헤 호
まみむめも	마 미 무 메 모	마 미 무 메 모
や ゆ よ	야 유 요	야 유 요
らりるれろ	라 리 루 레 로	라 리 루 레 로
わ を	와 오	와 오
がぎぐげご	가 기 구 게 고	가 기 구 게 고
ざじずぜぞ	자 지 즈 제 조	자 지 즈 제 조
だぢづでど	다 지 즈 데 도	다 지 즈 데 도
ばびぶべぼ	바 비 부 베 보	바 비 부 베 보
ぱぴぷぺぽ	파 피 푸 페 포	파 피 푸 페 포
きゃ きゅ きょ	갸 규 교	캬 큐 쿄
しゃ しゅ しょ	샤 슈 쇼	샤 슈 쇼
ちゃ ちゅ ちょ	자 주 조	차 추 초
にゃ にゅ にょ	냐 뉴 뇨	냐 뉴 뇨
ひゃ ひゅ ひょ	햐 휴 효	햐 휴 효
みゃ みゅ みょ	먀 뮤 묘	먀 뮤 묘
りゃ りゅ りょ	랴 류 료	랴 류 료
ぎゃ ぎゅ ぎょ	갸 규 교	갸 규 교
じゃ じゅ じょ	자 주 조	자 주 조
びゃ びゅ びょ	뱌 뷰 뵤	뱌 뷰 뵤
ぴゃ ぴゅ ぴょ	퍄 퓨 표	퍄 퓨 표

※タ行「つ」の쓰は濃音（9ページ参照）で「っす」、またザ行「ざじずぜぞ」の자지즈제조は「じゃじゅじぇじょ」が文字どおりの音になります。

まずはあいさつ ①

人に会ったら、まずはあいさつ

おはようございます。
こんにちは。／こんばんは。

すこしあらたまった感じのあいさつ

おはようございます。
こんにちは。／こんばんは。

友だちどうしなら短く元気に

おはよー！
元気？／やあ！

アンニョンハセヨ
안녕하세요 ?

韓国語では「おはよう」「こんにちは」「こんばんは」といった
時間帯によるあいさつの言い分けをしません。
朝も昼も夜も「アンニョンハセヨ？」。便利でしょ？

アンニョンハシムニカ
안녕하십니까 ?

「アンニョンハセヨ？」よりもかしこまった言い方で、
ちょっとカターイ感じがします。

アンニョン
안녕.

「アンニョン」は、漢字で書くと「安寧（あんねい）」。
上の欄の「アンニョンハセヨ？」や「アンニョンハシムニカ？」は、
「安寧に（＝安らかに、つつがなく）お過ごしですか？」と
相手に問いかける感じなんですね。

まずはあいさつ ❷

直訳すると「健康ですか」

お元気ですか？

飽食の現代でも、たまに使われます

ご飯食べました？

再会できたことを喜び合って

お久しぶりです。

コンガンハセヨ
건강하세요？

コンガンは「健康」。語尾を上げぎみに言いましょう。
語尾を上げないと「お元気でいてください」という
ニュアンスになります。

パン　　モゴッソヨ
밥 먹었어요？

腹が減っては話もできぬ。このような
食事の有無があいさつになるのは韓国語でも共通。
「ネ モゴッソヨ」（はい、食べました）などと返します。

オレガンマニエヨ
오래간만이에요.

「オレガンマン」で「久しぶり」の意味。
韓国 KBS 放送で「朝鮮ガンマン」※という長編ドラマが
あったけど、もちろんその「ガンマン」ではありませんよ。

※原題は「조선 총잡이」(朝鮮銃使い).

初対面のあいさつ

> 英語なら「How do you do?」だね

はじめまして。

> 慣れない旅先でいろいろお世話になる方に

どうぞよろしくお願いします。

> メールや文通で知り合った人とはじめて会うときに

お会いできてうれしいです。

チョウム　ペプケスムニダ
처음 뵙겠습니다.

「チョウム」は「初めて」、「ペプケスムニダ」は「お目にかかります」という意味。

チャル　プタカムニダ
잘 부탁합니다.

「プタッ」（プタク）は漢字では「付託」。親しい間柄なら「チャル プタケヨ」でもよい。

マンナソ　パンガプスムニダ
만나서 반갑습니다.

英語の「Nice to meet you.」です。「マンナソ」は「会えて」。「パンガプスムニダ」だけでも使えます。親しい間柄なら「パンガウォヨ」でもよい。

自己紹介をしよう

見た目は韓国の人とよく似ているけど……

わたしは日本人です。
(わたくし)

名刺を出しながら……

わたしの名刺です。
わたしの名前は ～ です。

韓国初体験なら……

韓国ははじめてなんです。

チョヌン イルボン　　サラミムニダ
저는 일본 사람입니다.

「イルボン」は「日本」。「サラム」は「人」。
「イルボンサラム」で「日本人」です。

チェ　ミョンハミムニダ
제 명함입니다.
チェ　イルムン　　〜イムニダ
제 이름은 〜입니다.

「ミョンハム」は「名刺」、「イルム」は「名前」の意味です。

ハンググン　　　　チョウミエヨ
한국은 처음이에요.

「韓国」は「ハングㇰ」と言います。
「チョウム」は「初めて」でした（17ページ上段）。

日本と韓国の50大姓

#	漢字	ハングル	カナ	#	漢字	ハングル	カナ
1	佐藤	**사토**	サト	26	斉藤	**사이토**	サイト
2	鈴木	**스즈키**	スズキ	27	橋本	**하시모토**	ハシモト
3	高橋	**다카하시**	タカハシ	28	石川	**이시카와**	イシカワ
4	田中	**다나카**	タナカ	29	山下	**야마시타**	ヤマシタ
5	渡辺	**와타나베**	ワタナベ	30	小川	**오가와**	オガワ
6	伊藤	**이토**	イト	31	石井	**이시이**	イシイ
7	中村	**나카무라**	ナカムラ	32	後藤	**고토**	コト
8	小林	**고바야시**	コバヤシ	33	長谷川	**하세가와**	ハセガワ
9	山本	**야마모토**	ヤマモト	34	岡田	**오카다**	オカダ
10	加藤	**가토**	カト	35	近藤	**곤도**	コンド
11	吉田	**요시다**	ヨシダ	36	前田	**마에다**	マエダ
12	山田	**야마다**	ヤマダ	37	藤田	**후지타**	フジタ
13	佐々木	**사사키**	ササキ	38	遠藤	**엔도**	エンド
14	山口	**야마구치**	ヤマグチ	39	青木	**아오키**	アオキ
15	松本	**마쓰모토**	マツモト	40	村上	**무라카미**	ムラカミ
16	井上	**이노우에**	イノウエ	41	坂本	**사카모토**	サカモト
17	斎藤	**사이토**	サイト	42	太田	**오타**	オタ
18	木村	**기무라**	キムラ	43	藤井	**후지이**	フジイ
19	林	**하야시**	ハヤシ	44	金子	**가네코**	カネコ
20	清水	**시미즈**	シミズ	45	福田	**후쿠다**	フクダ
21	中島	**나카지마** / **나카시마**	ナカジマ / ナカシマ	46	西村	**니시무라**	ニシムラ
22	山崎	**야마자키** / **야마사키**	ヤマザキ / ヤマサキ	47	中川	**나카가와**	ナカガワ
23	森	**모리**	モリ	48	三浦	**미우라**	ミウラ
24	阿部	**아베**	アベ	49	原田	**하라다**	ハラダ
25	池田	**이케다**	イケダ	50	中野	**나카노**	ナカノ

【参考＝(日本)明治安田生命「全国同姓調査」(2013年12月発表)
(韓国)統計庁「姓氏・本貫集計結果」(2000年11月実施)】

#	漢字	ハングル	#	漢字	ハングル
1	金(きん)	김 キム	26	裵(はい)	배 ペ
2	李(り)	이 イ	27	曹(そう)	조 チョ
3	朴(ぼく)	박 パク	28	白(はく)	백 ペク
4	崔(さい)	최 チェ	29	許(きょ)	허 ホ
5	鄭(てい)	정 チョン	30	南(なん)	남 ナム
6	姜(きょう)	강 カン	31	沈(ちん)	심 シム
7	趙(ちょう)	조 チョ	32	劉(りゅう)	유 ユ
8	尹(いん)	윤 ユン	33	盧(ろ)	노 ノ
9	張(ちょう)	장 チャン	34	河(か)	하 ハ
10	林(りん)	임 イム	35	田(でん)	전 チョン
11	呉(ご)	오 オ	36	丁(てい)	정 チョン
12	韓(かん)	한 ハン	37	郭(かく)	곽 クァック
13	申(しん)	신 シン	38	成(せい)	성 ソン
14	徐(じょ)	서 ソ	39	車(しゃ)	차 チャ
15	權(ごん)	권 クォン	40	兪(ゆ)	유 ユ
16	黃(こう)	황 ファン	41	具(ぐ)	구 ク
17	安(あん)	안 アン	42	禹(う)	우 ウ
18	宋(そう)	송 ソン	43	朱(しゅ)	주 チュ
19	柳(りゅう)	유 ユ	44	任(じん)	임 イム
20	洪(こう)	홍 ホン	45	羅(ら)	나 ナ
21	全(ぜん)	전 チョン	46	辛(しん)	신 シン
22	高(こう)	고 コ	47	閔(びん)	민 ミン
23	文(ぶん)	문 ムン	48	陳(ちん)	진 チン
24	孫(そん)	손 ソン	49	池(ち)	지 チ
25	梁(りょう)	양 ヤン	50	嚴(げん)	엄 オム

お礼や謝るときのひとこと

慣れない旅先で、親切な人が助けてくれました

ありがとうございます。

すると、その相手の人はこう言うでしょう

どういたしまして。

キョロキョロしながら歩いていたら、
人に肩がぶつかっちゃった

ごめんなさい。

カムサハムニダ
감사합니다.

「カムサ」は「感謝」の意味。他に、くだけた表現として「コマウォヨ」という言い方もあります。

チョンマネヨ
천만에요.

「カムサハムニダ」などの感謝のことばには、このひとことをお返ししましょう。

ミアネヨ
미안해요.

「ミアン」は漢字で書けば「未安」です。

ちょっと話しかけたいとき

道ばたで人に話しかけるときに

あのー、ちょっといいですか？

天気の話題で話しかけてみるのもいいですね

きょうは、いいお天気ですね。

汗をふくしぐさをしながら言うと、きっと伝わるよ

きょうは暑いですね。

チャムカンマンニョ
잠깐만요.

人に呼びかけるときに使うことば。
食堂などでは「ヨギヨ」、「チョギヨ」がよく使われます。

オヌルン　　ナルシガ　　チョンネヨ
오늘은 날씨가 좋네요.

「オヌル」は「きょう」、「ナルシ」は「天気」の意味。
天気が悪いときは、否定の「アン」を入れて
「オヌルン ナルシガ アン ジョンネヨ」。
これで「あいにくのお天気で」というフレーズになります。

オヌルン　　トウォヨ
오늘은 더워요.

反対に、「きょうは寒いですね」は、
「オヌルン チュウォヨ」となります。

別れるときのあいさつ ❶

別れるとき、韓国では２つの
言い方を使い分けます

さようなら。

（残る人に対して言う）

別れるとき、韓国では２つの
言い方を使い分けます

さようなら。

（去る人に対して言う）

お店などを出るときに
お店の人に言う「さようなら」

さようなら。

（お店の人などに対して言う）

アンニョンヒ　ケセヨ
안녕히 계세요.

（安寧にいてください）

すぐ下の「アンニョンヒ カセヨ」との使い分けは
慣れるまでちょっとてこずるかもしれません。

アンニョンヒ　カセヨ
안녕히 가세요.

（安寧に行ってください）

双方ともそこを去る場合は「アンニョンヒ カセヨ」を
使います。「カセヨ」は「お帰りください」の意味。

スゴハセヨ
수고하세요.

（ご苦労さまです）

「スゴ」は「苦労」という意味です。

別れるときのあいさつ ❷

英語で言うと「See you again.」だね

またお会いしましょう。

友だちどうしなら短く元気に

んじゃ、またね！

英語だと「Good night.」です

おやすみなさい。

또 만나요.
ット　マンナヨ

友達どうしなら「またね！」の「ット バヨ」でもよい。年上の人にはもっと丁寧な表現である「ット ペプケッスムニダ」を使いましょう。

안녕. / 잘 가.
アンニョン　チャルガ

ここの「アンニョン」は「バイバイ」といったニュアンス。「チャルガ」は「気をつけてね」という意味です。

안녕히 주무세요.
アンニョンヒ　チュムセヨ

友達どうしなら、「おやすみ〜」の「チャル チャ〜」を使いましょう。

受け答えのひとこと ❶

> 「イエス・ノー」は、はっきり言いましょう

はい。／いいえ。

> いまの、わかった？　えっ、わからない？

わかりました。／わかりません。

> 英語だと「No problem.」かな。
> 韓国の人がよく使います

大丈夫です。

예. / 아뇨.
イェ　　アニョ

「イェ」のかわりに「ネ」と言うこともあります。

알았어요. / 몰라요.
アラッソヨ　　　　モルラヨ

「よくわかりません」は
「チャルモルゲッソヨ」と言います。

괜찮아요.
ケンチャナヨ

「ケンチャナヨ?」(♪) と聞かれたら、
「ケンチャナヨ」(♩) と答えましょう。

受け答えのひとこと ❷

英語の「No thank you.」です

結構です。

ダメ出しのひとこと

ダメです。

信じられないときのひとこと

本当ですか？

テッソヨ
됐어요.

丁寧に言うなら「テッスムニダ」です。

アン　デヨ
안 돼요.

「テヨ？」（♪）（いいですか？）ときかれて「OK」なら「テヨ」（↓）ですが、「ダメ」ならこの「アン デヨ」。「アン」がつくと否定になるのです。

チョンマルリョ
정말요？

「チョンマル」で「本当」という意味。
「信じられないです」なら「ミドゥル ス オプソヨ」。

※「信じる」は韓国語で믿다（ミッタ）と言います。

かならず覚えておきたいひとこと

生理現象なんですから、
恥ずかしがらずにききましょう

トイレどこですか？

相手の言葉がききとれなかったときに。
カタコト会話の超重要フレーズです

もう一度言ってください。

話しかけるきっかけにもなるし、
覚えておいて損はない？

いま何時ですか？

ファジャンシル　オディエヨ
화장실 어디예요？

「オディエヨ？」は「どこですか？」の意味。
前の単語を入れかえて応用してみましょう。

タシ　ハン　ボン　マレ　ジュセヨ
다시 한 번 말해 주세요.

「タシ ハン ボン」は「もう一度」の意味。
ほかに「ハン ボンド」もよく使う表現です。「ハン ボンド」は
カラオケで「アンコール」のかわりにも使えますよ。

チグム　ミョッシエヨ
지금 몇 시예요？

「チグム」は「いま」。英語では「Now」ですね。
よく使われるので覚えましょう。

もしものときの、とっさのひとこと

このフレーズを実際に使うような
ことがないことを祈ります

助けて！

使うときは大きな声で……

ドロボー！

これも「もしも」のときのために
覚えておきましょう

警察
医者　　呼んでください！
救急車

サラム サルリョ
사람 살려!

命ごいをするときは「サルリョ ジュセヨ」です。

トドゥギヤ
도둑이야!

泥棒にあったら大きい声で叫びましょう。

キョンチャル
경찰
ウィサ
의사 } 불러 주세요.
クグプチャ
구급차※

プルロ　ジュセヨ

「プルロ ジュセヨ」は「呼んでください」の意味です。

※最近は英語が語源のエムブュロンス（エムビュロンス）もよく使います。

緊急事態です

交番でおまわりさんに

サイフをなくしました。
荷物を盗まれました。

迷子になったときに

道に迷いました。

地下鉄の駅員さんに

地下鉄に～を置き忘れました。

チガブル　　　　イロボリョッソヨ
지갑을 잃어버렸어요.

チムル　　　フムチョガッソヨ
짐을 훔쳐갔어요.

「サイフ」は「チガプ」。「荷物」は「チム」。

キルル　　　　イロボリョッソヨ
길을 잃어버렸어요.

面白いことに「なくしました」と「迷いました」は、両方とも「イロボリョッソヨ」。

※助詞については150ページ参照

チハチョレ 〜ルル トゥゴ ネリョッソヨ
지하철에 {～를※ / ～을} 두고 내렸어요.
　　　　　　〜ウル

「トゥゴ」は「置きっぱなし」で「ネリョッソヨ」は「降りました」の意味。

物をさすときの「こ・そ・あ・ど」ことば

英語だと「this」です

これ

英語だと「that」あるいは「it」です

それ／あれ

英語だと「which」です

どれ

イゴ
이거

「この人」なら「イ サラム」。

クゴ　　チョゴ
그거 / 저거

「その人」なら「ク サラム」、
「あの人」なら「チョ サラム」。

オヌ　ゴ
어느 거

「どの人」「誰」は「ヌグ」となります。

場所をさすときの「こ・そ・あ・ど」ことば

英語だと「here」です

ここ

英語だと「there」です

そこ／あそこ

英語だと「where」です

どこ

ヨギ
여기

「ヨギヨ」で人を呼ぶひとことになります。

コギ　チョギ
거기 / 저기

「チョギヨ」でも人を呼ぶひとことになります。

オディ
어디

「どこですか?」は「オディエヨ?」
（127ページ参照）

人をさすことば ❶

> 一人称代名詞。英語だと「I」です

わたし

> 二人称代名詞。英語だと「you」です

あなた

> 会場のみんなに呼びかけるとき

みなさん

ナ

나

年上の人にはもっと丁寧な表現である「チョ」を使いましょう。
ちなみに「わたしの〜」は「チェ〜」となります。

※「わたしたち」は「ウリ（우리）」

タンシン

당신

おもに夫婦でおたがいを呼ぶときに使います。

ヨロブン

여러분

「みなさん、お元気ですか？」なら
「ヨロブン コンガンハセヨ？」。

人をさすことば ❷

三人称代名詞。英語だと「he」です

彼

三人称代名詞。英語だと「she」です

彼女

名前の後につけて呼びます

～さん

ク
그

「ク ナムジャ」とも言います。
ボーイフレンドという意味の「彼氏」は「ナムジャ チング」。
「ナムジャ」は男、「チング」は友達です。

クニョ
그녀

「ク ヨジャ」とも言います。
ガールフレンドという意味の「彼女」は「ヨジャ チング」。
「ヨジャ」が女、「チング」が友達です。

〜シ
〜 씨

この「〜シ」を漢字で書くと「氏」です。日本では「〜氏」と言うとカターイ感じだからちょっと違和感がある？

空港で ❶

「入国の目的は？」ときかれたら……

観光です。／ビジネスです。

「滞在期間は？」ときかれたら……

〜日間 / 〜週間 です。

「宿泊地は？」ときかれたら……

○○ホテルに泊まります。

<クァングァンイエヨ>　<ピジュニスエヨ>
관광이에요./비즈니스예요.

観光は「クァングァン」、ビジネスは「ピジュニス」です。

～ **일간** <～イルガン>
～ **주일간** <～チュイルガン> } **이에요.** <イエヨ>

「～イルガン」で「～日間」、「～チュイルガン」で「～週間」です。（日数など数の数え方は152ページ以降を参照）

○○**호텔에 머무릅니다.**
<○○ホテル>　<モムルムニダ>

泊まるは「モムルダ（머무르다）」。

空港で ❷

「日本国」って表紙に書いてあるあれです

パスポート

日本人が観光目的で韓国に入国する場合、30日以内の滞在ならビザは不要です

ビザ（査証）

出入国の際に提出。これもなくさないようにね

入国カード／出国カード

ヨクォン
여권

パスポートは「ヨクォン（旅券）」です。
でも「パスポート」と言っても、たいがい通じます。

ピジャ
비자

ビザは「ピジャ」。イタリアンのピザみたいと思う人もいるでしょう。ちなみに、食べるピザは「피자」というふうに書いて、「ピ」のところが激しく息を出す音（激音）になります。

イプクッカドゥ　チュルグッカドゥ
입국카드 / 출국카드

入国は「イプクク」、出国は「チュルグク」です。

両替所で

空港でまっさきに両替をします

両替所はどこですか？

レートを確認してから

5万円、両替してください。

小銭がないと不便なので

小銭も混ぜてください。

ファンジョンソヌン　オディエヨ
환전소는 어디예요?

「ファンジョンソ」は漢字で書くと「換銭所」。
すなわち「両替所」の意味。「ヌン」は「～は」という助詞。
「オディエヨ？」は「どこですか」。

オマネン　パックォ　ジュセヨ
5만엔 바꿔 주세요.

「パックォ」は「替えて・換えて」の意味でよく使われます。
（金額などの数字の言い方は152ページ以降参照）

チャンドンド　ソッコ　ジュセヨ
잔돈도 섞어 주세요.

「小銭」は「チャンドン」、
「混ぜてください」は「ソッコ ジュセヨ」です。

韓国のお札

1000ウォン札

肖像は16世紀朝鮮の学者の李滉（イ・ファン）。

5000ウォン札

肖像はやはり16世紀朝鮮の学者・政治家の李珥（イ・イ）。

10000ウォン札

朝鮮王朝第4代王にしてハングルの発明者、世宗（セジョン）大王。

50000ウォン札

5000ウォン札の李珥の母で文人・画家の申師任堂（シンサイムダン）。

チョヌォン
천 원

「1000（千）」は「チョン」、それに「ウォン」をつけて
読むときは音がつながって「チョンウォン→チョヌォン」。
なお、1000ウォンは日本円にすると100円ぐらいです。

オチョヌォン
오천 원

「5」は「オ」と読みます（152ページの数字の読み方参照）。
それに「チョヌォン」がついて「5000ウォン」。
なお、5000ウォンは日本円にすると500円ぐらいです。

マヌォン
만 원

日本語は「万」のまえに「1」をつけて「いちまん」と言いますが、
韓国語は「万」のまえに「1」をつけず「マヌォン（＝万ウォン）」。

オマヌォン
오만 원

2009年から新たに登場した５万ウォン札。
肖像の女性は韓国では良妻賢母の鑑とされるサイムダン。

ホテルで ❶

ホテルのフロントカウンターで

チェックイン
チェックアウト 〉お願いします。

大きなホテルなら無理せず、こうたずねてみてください

日本語
英語 〉話せる人はいませんか？

いまはネットで海外から予約できます

日本で
東京で 〉予約しました。

チェクイン
체크인

チェクアウッ
체크아웃

プタケヨ
부탁해요.

フロントは「プロントゥ (프런트)」。

イルボンマル
일본말

ヨンオ
영어

ハルスインヌン　　サラミッソヨ
할 수 있는 사람 있어요?

「イルボンマル」は「日本語」、「ヨンオ」は「英語」の意味。

イルボネソ
일본에서

トキョエソ
도쿄에서

イェヤケッソヨ
예약했어요.

予約は「イェヤㇰ (예약)」。

ホテルで ❷

予約なしでホテルに飛び込みました

部屋は空いてますか？

部屋の種類を選ぶとき

シングル
ダブル ｝ルームをお願いします。
ツイン

ケチケチ旅行では重要フレーズです

ひと晩（の宿泊料は）
いくらですか？

ピン バン イッスムニカ
빈 방 있습니까?

「ピン」は「空いている」。「パン（バン）」は「部屋」
直訳すると、「空いている部屋はありますか？」。

シングル
싱글
トブル
더블　　룸으로　부탁해요.
トゥイン
트윈

ルムロ　　　　プタケヨ

ハルッパメ　　　オルマエヨ
하룻밤에 얼마예요?

「ハルッパム」で「ひと晩」の意味。

ホテルで ❸

「朝食つきでこの値段なら」
などと考えながら確認してます

朝食はつきますか？

これもケチケチ旅行では重要フレーズです

もっと安い部屋は
ありませんか？

大事なものはフロントに預けましょう

貴重品を預けたいのですが…

アチムシクサヌン　ナワヨ
아침식사는 나와요?

「ナワヨ?」は「出ますか?」の意味。
「アチム」は「朝」で「シクサ」は「食事」です。

ト　ッサン バン　オプソヨ
더 싼 방 없어요?

「ッサン バン」は「安い部屋」の意味。

クィジュンプムル　マッキゴ
귀중품을 맡기고
シプンデヨ
싶은데요.

「クィジュンプム」は「貴重品」の意味。

ホテルで ④

ホテルの部屋からフロントに電話するとき

もしもし、705号室ですが…

モーニングコールをたのむとき

朝7時に起こしてください。

ルームサービスをたのむとき

ルームサービスお願いします。

여보세요, 705호실인데요.
ヨボセヨ
チルベゴホシリンデヨ

「もしもし」は「ヨボセヨ」と言います。

아침 일곱 시에 깨워 주세요.
アチム イルゴプ シエ
ケウォ ジュセヨ

「イルゴプ」は「7つ」という意味（153ページ参照）。

룸 서비스 부탁해요.
ルム ソビス プタケヨ

より丁寧に言うなら「ルム ソビス プタカムニダ」です。

一人歩き ①

地図上の行きたい場所を指さしながら

ここに行きたいのですが…

ソウルの地下鉄の切符売場で

〜駅は(地下鉄)何号線ですか？

ソウルの地下鉄はけっこう複雑です

どこで乗り換えですか？

ヨギエ　　カゴ　　シプンデヨ
여기에 가고 싶은데요.

「ヨギ」は「ここ」、そのあとの「エ」は「～に」という意味の助詞です（150ページ参照）。

～ヨグン　　ミョトソニエヨ
～역은 몇 호선이에요?

「駅」は「ヨヶ」。駅にそれぞれ番号があります。

オディソ　カラタミョン　　テヨ
어디서 갈아타면 돼요?

わからないことは現地の人にきくのが一番。
「オディソ」は「どこで」。「カラタミョン」は「乗り換えたら」。
「テヨ？」は「いいですか？」。

一人歩き ❷

慣れないうちは、地下鉄よりタクシーが便利です

タクシーを呼んでください。

タクシーの運転手さんに

南大門へ行ってください。

はじめにだいたいの運賃をきいておくと安心です

～までいくらですか？

テクシルル　プルロ　ジュセヨ
택시를 불러 주세요.

「ジュセヨ」は「ください」の意味。
よく使うから覚えてね。

ナムデムヌロ　　　カ　ジュセヨ
남대문으로 가 주세요.

「~ウロ」は「~へ」、「カ」は「行く」の意味。反対語である
「来る」は「ワ」です。「~ウロ　ワ　ジュセヨ」は
「~へ来てください」になります。

~カジ　　オルマエヨ
~까지 얼마예요?

「オルマエヨ？」は「おいくらですか？」の意味です。
商店街でも使えますよ。

観光する ❶

わからないことがあったらここに行きましょう

観光案内所

ホテルがオプショナルツアーを
企画している場合もあります

観光バスはありますか？

現地の案内所に簡便な地図がおいてあることも…

地図をください。

クァングァン アンネソ
관광 안내소

「クァングァン」は「観光」で「アンネソ」は「案内所」の意味。

クァングァンボスヌン　　イッソヨ
관광 버스는 있어요?

韓国語は「(人が) いる」「(物が) ある」の
使い分けがなく、どちらも「イッタ」(ある・いる)
「イッソヨ」(あります・います) です。

チドルル　　チュセヨ
지도를 주세요.

「チド」は地図の意味。

観光する ❷

> おみやげの店で。
> その土地の名産品を買いたいときに

ここは何が有名なんですか？

> 撮影禁止のところもあるので念のためきいてから

写真を撮ってもいいですか？

> 案内してくれた人に

きょうは楽しかったです。

ヨギヌン　ムォガ　ユミョンヘヨ
여기는 뭐가 유명해요?

「ユミョン」は「有名」の意味。

サジヌル　チゴド　テヨ
사진을 찍어도 돼요?

「サジン」は「写真」、「チゴド」は「撮っても」の意味。

オヌル　チュルゴウォッソヨ
오늘 즐거웠어요.

「きょうは、おもしろかったです」なら
「オヌル チェミイッソッソヨ」です。

レストランや食堂で ①

腹ぺこなので少々せっかちになっています

メニューください。

とりあえずビールですか？（いいねぇ）

ビール1本ください。

英語なら「Cheers!」、
中国語なら「ガンベイ」です

乾杯！

メニュパン チュセヨ
메뉴판 주세요.

「パン」は「板」、「ボード」の意味。

メクチュ ハンビョン チュセヨ
맥주 한 병 주세요.

「生ビール」は「センメクチュ」です。

コンベ
건배!

韓国人は、お酒を飲むとき、はじめだけでなく、何回も「乾杯」をします。

レストランや食堂で ❷

旅の醍醐味は現地の名物料理ですね

ここは何がおすすめですか？

おいしいときは、こう言おう。
もっとおいしくなります

おいしい！

おいしいけど辛い。口から火が出そう

お水ください。

여긴 뭐가 맛있어요?
ヨギン　ムォガ　マシッソヨ

「マシッソヨ？」は「おいしいですか？」の意味。

맛있어요!
マシッソヨ

他にちょっとかっこいい言い方としては、
「マシ クンネジュネヨ」。「味が最高ですね」の意味になります。

물 주세요.
ムル　チュセヨ

「ムル」は「お水」のこと。
ちなみに「火」は「プル」です。

レストランや食堂で ③

予約しないと入れない名店にきました

予約をした〜です。

たばこが嫌いな人はこのフレーズをどうぞ

禁煙ですか？

食べたいメニューの写真を指さしながら

(これは)すぐできますか？

イェヤカン ～エヨ
예약한 ~예요.

「イェヤㇰ」は「予約」、「ハン」は「した」の意味。

クミョニエヨ
금연이에요?

「禁煙」は「クミョン」、「喫煙」は「フビョン」です。

クムバン テヨ
금방 돼요?

「クムバン」は「すぐ」の意味。

レストランや食堂で ❹

> たのんだものが、なかなか出てこない

早くください。

> ようやく料理が出てきました

おなかがペコペコです。
いただきまーす。

> たのんだものの、食べ方がわからない

食べ方を教えてください。

ッパルリ　チュセヨ
빨리 주세요.

「ッパルリ」は「早く」。英語の「Hurry」みたいだね。

ペゴパヨ　　チャルモッケッスムニダ
배고파요. 잘 먹겠습니다.

「ぺこぺこ→ペゴパヨ」だから、似ていて覚えやすいね。

モンヌン ポブル　カルチョ　ジュセヨ
먹는 법을 가르쳐 주세요.

「モンヌン ポプ」は「食べ方」です。

レストランや食堂で ⑤

店員さんを呼ぶときのきまり文句です

すみませーん。

「おいしい」以外のリアクションフレーズも念のため

まずいです。/ 辛いです。/ しょっぱいです。

おなかいっぱい食べました。お会計です

ごちそうさまです。お会計してください。

ヨギヨ
여기요.

「チョギヨ」でも OK です。

マドプソヨ　　　メウォヨ
맛없어요. / 매워요. /
ッチャヨ
짜요.

「マドプソヨ」の「マッ」は「味」の意味。
「マドプソヨ」は直訳すると「味がありません」。

チャル　モゴッスムニダ
잘 먹었습니다.
ケサネ　　ジュセヨ
계산해 주세요.

「ケサネ ジュセヨ」は「計算してください」。
このほかに「ここ、いくらですか？」の意味である
「ヨギ オルマエヨ？」もよく使われます。

レストランや食堂で 6

おなかぱんぱん。もう入りません

おなかいっぱいです。

でも、ちょっと甘いものが食べたいな

デザートのメニューください。

いろいろなデザート用リアクションフレーズです

甘い。／すっぱい。

ペブルロヨ
배불러요.

「ペ」という同じ発音で、韓国語では「おなか」のほかに、「船」や果物の「ナシ」という意味もあります。

ティジョトゥ　メニュ　チュセヨ
디저트 메뉴 주세요.

「デザート」では通じないことのほうが多いでしょう。

タルダ　　シダ
달다. / 시다.

「甘いです」なら「タラヨ」、「すっぱいです」なら「ショヨ」。

レストランや食堂で ❼

韓国では割り勘はあまりしません

わたしがおごります。

お酒がおいしくて、ついつい……

すっかり酔いました。

社交辞令のあいさつとしてもよく使われます

今度一杯行きましょう。

チェガ　サルケヨ
제가 살게요.

「チェガ ～ルケヨ」で「わたしが～します」という意思表示になります。

チュィヘッソヨ
취했어요.

「チュィハダ」で「酒に酔う」です。

タウメ　　ハンジャネヨ
다음에 한잔해요.

「今度」は「タウメ」、「一杯」は「ハンジャン」です。

韓国料理のいろいろ ❶

カムジャタン
감자탕

おもに豚の背骨やあばら肉（スペアリブ）にジャガイモや
ネギなどをたっぷりの香辛料といっしょに煮込んだ鍋料理。
辛いが癖になる。最後にご飯を入れて味わう雑炊が絶品。

カルビタン
갈비탕

焼肉でおなじみのカルビ（牛のあばら肉）を使ったスープ。
透明であっさりとしているが、何とも言えないコクがある。
お好みで塩コショウなどを加えて味をととのえつつ食べる。

ソルロンタン
설렁탕

骨付き牛肉をショウガやニンニク、ネギなどといっしょに
じっくりと煮込んだもの。スープは白色で、さっぱり系。
やはりお好みで塩コショウなどを加えて食べる。

メウンタン
매운탕

魚介類が主役の激辛鍋。「メウン」は「辛い」という意味。
タラやアンコウのアラ、イカやエビなどを野菜とともに
煮て、最後はやはりご飯や麺類を入れてダシの味を堪能する。

チュオタン
추어탕

「チュオ」は韓国語で「どじょう」。どじょうをすり身にして
煮込むもの、そのまま入れて煮込むものなどいろいろある。
辛めの汁に、どじょうと相性のいい豆腐が入る場合が多い。

サムゲタン
삼계탕

漢字で書けば「参鶏湯」。ニワトリまるごと1羽の腹部に
高麗人参やナツメ、松の実、もち米などをつめて煮込んだ
栄養満点のスープ。韓国では夏バテ防止の料理として人気。

韓国料理のいろいろ ❷

ユッケジャン
육개장

細く裂いた牛ふくらはぎ肉に、きのこやワラビなどの山の幸、もやしやネギなどを入れ、辛く味付けしたスープ。見るからに辛い真っ赤な汁にご飯を入れて食べるのが王道。

テンジャンチゲ
된장찌개

韓国風味噌鍋。「テンジャン」は韓国のお味噌。魚介類や肉、キノコや豆腐など、いろいろな具を入れて食べる。韓国の食卓によく並ぶ料理で、独特な風味が食欲をそそる。

キムチチゲ
김치찌개

韓国の代表的食材である白菜キムチでつくる家庭的な鍋。時間がたって酸味がきつくなったキムチを使ってつくると、逆においしい。豚肉など、いろいろな具を入れて食べる。

ミヨックク
미역국

「ミヨヶ」は韓国語で「ワカメ」。日本で見かける
ワカメスープよりも、肉や魚介類のダシがきいていて濃厚。

プゴグク
북어국

干したスケソウダラを細かく裂いて炒めたものを昆布と煮た
すまし汁。二日酔いの解消に効果あり、と言われている。

トックク
떡국

「カレトヶ」と呼ばれる小判の形をした切り餅が入った雑煮。
正月の料理で、「食べた器の分だけ年をとる」と言われる。

韓国料理のいろいろ ❸

マンドゥクク
만두국

韓国風水餃子入りスープ。塩しょうゆベースの薄味で、韓国の食卓や街の食堂にも並ぶ庶民的なメニュー。

プルゴギ
불고기

韓国風すき焼き。薄切りにした牛肉をしょうゆと薬味で甘辛く下味をつけ、野菜といっしょに強火で炒めたのち、サンチュなど葉物の野菜でそれを包んだりして食べる。

ユケ
육회

「ユッケ」で日本語にもなっていますね。韓国風牛たたき。牛バラ肉を細かく刻んだのち、ごま油とニンニクで味をつけ、なしの千切りとともに生で食べる。

カルビ
갈비

牛のあばら肉。焼肉と言えばカルビという人も多いはず。

アンシム
안심

いわゆる牛ロースのこと。牛肉のなかでも高タンパク、
低脂肪の部分。火を通しすぎると硬くなるので、
さっと焼いて食べるのがコツ。

タッカルビ
닭갈비

「タク」は「鶏」のこと。鶏肉を野菜などといっしょに
鉄板鍋で豪快に炒めながら食べる。唐辛子味噌仕立て。
『冬ソナ』の舞台にもなった春川(チュンチョン)の名物料理。

韓国料理のいろいろ ❹

ピビムパプ
비빔밥

いわゆるビビンバ。牛そぼろ肉やワラビ、もやしなどの具を混ぜながら食べる。韓国の人は「これでもか」というぐらいに徹底的に混ぜてから食べます。

キムパプ
김밥

韓国風のり巻き。屋台などではかならずと言っていいほど見かける。日本の助六寿司の太巻きみたいな風貌。タクアンが入っていることが多い。ゴマ油の風味が韓国風。

ネンミョン
냉면

コシのある麺を、キムチなどの具とともにさっぱり味の冷たいスープでいただきます。麺が長めなので、まずはさみで切ることも。

ットクポッキ
떡볶이

小指くらいの切り餅を唐辛子みそ（コチュジャン）で
味付けしたもの。韓国の若者の大好物です。

キムチ
김치

韓国料理でキムチは避けては通れません。白菜キムチは
「ペチュギムチ」、キュウリのキムチは「オイギムチ」。

ッカクトゥギ
깍두기

大根キムチの代表格。サイコロ状に切った大根を漬けた
キムチの一種。日本の焼肉屋さんでは「カクテキ」と
書かれているけど、本場では「ッカクトゥギ」だよ。

ショッピング ❶

デパートで

〜売場はどこですか？

店員さんを呼ぶときに

すみません。

ショーケースの品物をさしながら

これ見せてください。

~パヌン ゴスン オディエヨ
~파는 곳은 어디예요?

「売る」は「パルダ (팔다)」。
「パヌン ゴスン」は直訳すれば「売るところ」となります。

ヨギヨ
여기요.

ほかにも「あのー」という意味の「チョギヨ」と
いう言い方もできます。

イゴ ポヨ ジュセヨ
이거 보여 주세요.

「見る」は「ポダ (보다)」。

ショッピング ❷

お気に入りの服を見つけました

試着してもいいですか？

サイズが合わなかったのでひとこと

ちょっと $\begin{Bmatrix} 大きい \\ 小さい \end{Bmatrix}$ です。

サイズ、ぴったり！

ちょうどいいです
（ぴったりです）。

イボ　ブァド　テヨ
입어 봐도 돼요?

韓国は試着不可の店舗も多いのです。

チョム
좀
クネヨ
크네요.
チャンネヨ
작네요.

程度を表す副詞の言い換え。「ちょっと」(좀) どころでないときは、「すごく」(많이) を使いましょう。

ッタク　チョアヨ
딱 좋아요.

「ッタギヤ」と言っても「ぴったりだ」という意味あいになります。

形やサイズいろいろ

日本語	韓国語(読み)	韓国語
円形 ※동그라미（トングラミ）とも	ウォニョン	원형
楕円形（だえんけい）	タウォニョン	타원형
扇形（おうぎがた）	プチェッコル	부채꼴
三角形	サムガキョン	삼각형
正三角形	チョンサムガキョン	정삼각형
四角形	サガキョン	사각형
長方形	チクサガキョン	직사각형
正方形	チョンサガキョン	정사각형
菱形（ひしがた）	マルムモッコル	마름모꼴
五角形	オガキョン	오각형
六角形	ユッカキョン	육각형

※「形」は 형 (ヒョン)、「サイズ」は 사이즈 (サイジュ) といいます。

日本語		韓国語
八角形	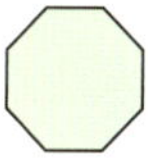	パルガキョン **팔각형**
大きい ↕ 小さい		クダ **크다** / チャクタ **작다**
長い ↕ 短い		キルダ **길다** / ッチャルタ **짧다**
太い ↕ 細い		ククタ **굵다** / カヌルダ **가늘다**
重い ↕ 軽い		ムゴプタ **무겁다** / カビョプタ **가볍다**
広い ↕ 狭い	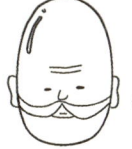	ノルタ **넓다** / チョプタ **좁다**

色のいろいろ

白	하얀색 (ハヤンセク)
黒	검정색 (コムジョンセク)
灰色 ※잿빛 (チェッピッ) とも	회색 (フェセク)
赤	빨간색 (ッパルガンセク)
ピンク ※핑크색 (ピンクセク) とも	분홍색 (プノンセク)
紫	보라색 (ポラセク)
青	파란색 (パランセク)
空色、水色	하늘색 (ハヌルセク)
緑	녹색 (ノクセク)

※「色」は색 (セク) といいます。

黄色	ノランセク **노란색**
橙色 ※오렌지색 (オレンジセク) とも	チュファンセク **주황색**
ベージュ	ペイジセク **베이지색**
茶色	カルセク **갈색**
金色	クムセク **금색**
銀色	ウンセク **은색**
無色	ムセク **무색**
濃い色	チトゥン セク **짙은 색**
薄い色	ヨトゥン セク **옅은 색**

ショッピング ③

ちょっと高そうだけど……

これ、ください。
いくらですか？

一度は言ってみる価値あり

高いですね。
ちょっとまけてください。

しかたがない、ほかのでがまんしよう

ほかにもうちょっと
安いのはありますか？

イゴ チュセヨ　オルマエヨ
이거 주세요. 얼마예요?

「これとこれ」は「イゴハゴ イゴ」といいます。

ピサネヨ　ッサゲ　ヘジュセヨ
비싸네요. 싸게 해 주세요.

あまり使わないかもしれませんが、「安いですね」は「ッサネヨ」です。「ッサゲ ヘジュセヨ」のかわりに、「カッカジュセヨ」もよく使う表現です。

イ　ウェエ　ト　ッサンゴ　イッソヨ
이 외에 더 싼 거 있어요?

싼 거（ッサン ゴ）で「安いの」。

ショッピング ❹

クレジットカードで支払いたいとき

カードでもいいですか？

大きなものを買ったとき

～ホテルまで届けて もらえますか？

レシートください

領収書ください。

カドゥド テヨ
카드도 돼요?

「現金払い」は「ヒョングムジブル（현금지불）」。

～ホテルカジ　カジョダ　ジュシゲッソヨ
～호텔까지 가져다 주시겠어요?

「～まで」は「～カジ（까지）」。

ヨンスジュン　チュセヨ
영수증 주세요.

こう言わないとくれないところも多いです。

薬局・病院で ❶

風邪は万病のもと

風邪みたいです。

いろいろな風邪の初期症状です

熱があります。

寒気がします。

セキが出ます。

喉が痛いです。

吐き気がします。

体がだるいです。

目まいがします。

감기 같아요.

「カムギ」は「風邪」の意味。

열이 있어요.
오한이 나요.
기침을 해요.
목이 아파요.
토할 거 같아요.
몸이 나른해요.
어지러워요.

薬局・病院で ❷

薬がほしいとき

風邪薬
アスピリン 〉ください。

薬の飲み方をきくとき

この薬は一日何回飲みますか？

食前に
食後に 〉飲みますか？

総合病院の各科の名前です

内科／外科／小児科／歯科
眼科／耳鼻咽喉科／泌尿器科
皮膚科／産婦人科／神経外科

カムギヤㇰ　　　　　　　　　チュセヨ
감기약　　　　　**주세요.**
アスピリン
아스피린

「ヤㇰ」は「薬」のこと。

イ　ヤグン　　ハルエ　　ミョッポン　　モㇰスㇺニカ
이 약은 하루에 몇 번 먹습니까?

シㇰチョネ
식전에　　　モㇰスㇺニカ
シㇰエ　　　　**먹습니까?**
식후에

ネクァ　　　ウェクァ　　　ソアクァ　　　チクァ
내과 / 외과 / 소아과 / 치과
アンクァ　　　イビイヌクァ　　　ピニョギクァ
안과 / 이비인후과 / 비뇨기과
ピブクァ　　　サンブインクァ　　シンギョンウェクァ
피부과 / 산부인과 / 신경외과

「～科(과)」は「꽈」と濃音化。

体のあちこちの名前

頭	モリ	머리
顔	オルグル	얼굴
髪の毛	モリカラク	머리카락
鼻	コ	코
口	イプ	입
まゆ毛	ヌンソプ	눈썹
目	ヌン	눈
耳	クィ	귀
のど・首	モク	목
わきの下	キョドゥランイミッ	겨드랑이밑
背中	トゥン	등
ひじ	パルクムチ	팔꿈치
腕	パル	팔
肩	オケ	어깨
おなか	ペ	배

【指でさせるところなら「ヨギガ アパヨ」と言えば】
【「ここが痛いです」の意味になるよ。】

手	ソン	손
手の指	ソンカラク	손가락
親指	オムジソンカラク	엄지손가락
人さし指	チブケソンカラク	집게손가락
中指	カウンデッソンカラク	가운뎃손가락
薬指	ヤクソンカラク	약손가락
小指	セッキソンカラク	새끼손가락
手のつめ	ソントプ	손톱
ひざ	ムルプ	무릎
すね	チョンアリ	종아리
つま先	パルクッ	발끝
足の指	パルカラク	발가락
足	パル	발
脚	タリ	다리
尻	オンドンイ	엉덩이
ふくらはぎ	チャンタンジ	장딴지
かかと	パルティクムチ	발뒤꿈치
腰	ホリ	허리
足首	パルモク	발목

あかすり、マッサージ ❶

韓国といえばアカスリですね

アカスリをしたいです。

ついでにマッサージも

オイル
全身 ｝ マッサージ
足裏

痛いところはありませんか？

首が痛いです。

때를 밀고 싶은데요.
ッテルル ミルゴ シプンデヨ

アカスリは「ッテミリ (때밀이)」。

오일 / 전신 / 발 } 맛사지
オイル / チョンシン / パル } マッサジ

목이 아파요.
モギ アパヨ

指さししながら「ここが痛いです」と言うなら
「ヨギガ アパヨ」です。

あかすり、マッサージ ❷

慣れない旅先の緊張感で肩がパンパン……

肩がこっています。

マッサージ師さんに手加減・調節を
してもらうひとこと

もっと { 強く / 弱く } してください。

マッサージ師さんにお礼です

ありがとうございます。
だいぶ楽になりました。

어깨가 뭉쳤어요.
オケガ ムンチョッソヨ

他に同じ意味の「オケガ キョルリョヨ」もあります。

더 { 세게 / 약하게 } 해 주세요.
ト セゲ / ヤカゲ ヘ ジュセヨ

「セダ」は「強い」、「ヤカダ」で「弱い」。

감사합니다.
カムサハムニダ
몸이 가벼워졌어요.
モミ カビョウォジョッソヨ

「カビョウォジョッタ」で「軽くなった」。

いよいよ帰国

リコンファーム（事前確認）は忘れずに

**チケットの確認を
したいのですが……**

搭乗口はどこ？

〜番ゲートはどこですか？

帰りの機内は韓国語で言ってみる？

**窓側
通路側 ｝の席をお願いします。**

ティケスル　ファギナゴ　シプンデヨ
티켓을 확인하고 싶은데요.

「ティケッ」は「チケット」、「ファギン」は「確認」の意味。
「シプンデヨ」は「したいのですが…」という意味で
よく使われるフレーズです。

～ポン　ケイトゥヌン　オディエヨ
～번 게이트는 어디예요?

「～ポン」は「～番」、「ケイトゥ」は「ゲート」の意味。

チャンカチョク
창가쪽
トンノチョク
통로쪽

チャリロ　プタケヨ
자리로 부탁해요.

「チャリ」は「席」の意味。

いろいろ使える基本文 ①

英語だと「I'm …」です

わたしは〜です。

※「〜」の部分の語尾によって右のように2パターンあります。

持っているかときかれたときのこたえ

持っています。/
持っていません。

有無をこたえたり、きいたりするときに

あります。/ ありません。
（います）　　（いません）

チョヌン　　～エヨ
저는　｛～예요.……Ⓐ
　　　　～イエヨ
　　　 ～이에요.……Ⓑ

次ページの"職業のいろいろ"を
「～」のところに入れて、言い換え練習をしてみましょう。

カジゴ　　　イッソヨ
가지고 있어요. /
カジゴ　　　イッチ　　アナヨ
가지고 있지 않아요.

「～ウル カジゴ イッチ アナヨ」の他に「アン ガジゴ イッソヨ」
でも OK。「アン」は否定するときに使うことばです。

イッソヨ　　　　オプソヨ
있어요. / 없어요.

日本では「あります」は物、「います」は人や動物に
分けて使いますが、韓国ではその分け方がないので
「イッソヨ／オプソヨ」で OK です。

職業のいろいろ

> 「わたしは主婦です」なら「저는 주부예요.」……Ⓐ、
> 「わたしは学生です」なら「저는 학생이에요.」……Ⓑ です。

技術者	**기술자** キスルジャ
科学者	**과학자** クァハクチャ
経営者	**경영자** キョンヨンジャ
芸術家	**예술가** イェスルガ
写真家	**사진가** サジンガ
建築家	**건축가** コンチュッカ
作家	**작가** チャッカ
会計士	**회계사** フェゲサ
税理士	**세무사** セムサ
弁護士	**변호사** ピョノサ
保育士	**보육사** ポユクサ
栄養士	**영양사** ヨンヤンサ
歯科衛生士	**치과위생사** チクァウィセンサ
歯科医師	**치과의사** チクァウィサ
医師	**의사** ウィサ
獣医師	**수의사** スィサ
薬剤師	**약사** ヤクサ
看護師	**간호사** カノサ
美容師	**미용사** ミヨンサ

【119ページ上段の基本文の「〜」のところにいろいろ入れて練習しましょう。】

調理師	**조리사** チョリサ
教師	**교사** キョサ
教授	**교수** キョス
秘書	**비서** ピソ
主婦	**주부** チュブ
ジャーナリスト	**저널리스트** チョノルリストゥ
デザイナー	**디자이너** ティジャイノ
イラストレーター	**일러스트레이터** イルロストゥレイト
俳優	**배우** ペウ
女優	**여배우** ヨベウ
声優	**성우** ソンウ
歌手	**가수** カス
モデル	**모델** モデル
会社員	**회사원** フェサウォン
銀行員	**은행원** ウネンウォン
研究員	**연구원** ヨングウォン
公務員	**공무원** コンムウォン
警察官	**경찰관** キョンチャルグァン
自営業	**자영업** チャヨンオプ
学生	**학생** ハクセン

モデル〜学生：パッチムあり（※）

※これらは**B**パターンを使う（ほかはすべて**A**パターン）。

いろいろ使える基本文 ❷

英語だと「I need.」です

必要です。

英語だと「Please …」ですね

してください。

英語だと「Please show me.」ですね

見せてください。

ピリョヘヨ
필요해요.

「ピリョヘヨ」は「必要です」の意味。とくに自分の物にしたい（所有したい）というときは「カジゴシポヨ」を使いましょう。

ヘ　ジュセヨ
해 주세요.

「〜して」の「〜해」は「する」から来た動詞です。

ポヨ　ジュセヨ
보여 주세요.

「メニューを（메뉴를）見せてください」などいろいろ使えます。

いろいろ使える基本文 ❸

英語だと「May I …?」ですね

してもいいですか？

「OK ですか？」と相手に確認するフレーズです

いいですか？

相手にいろんなたのみごとをするときに
使うフレーズです

お願いします。

ヘド　チョアヨ
해도 좋아요?

ほかに「ヘド　デヨ?」もよく使われます。

テヨ
돼요?

「OK」は「オケイ (오케이)」と言います。

プタケヨ
부탁해요.

「プタカムニダ」と言うとより丁寧になります。

いろいろ使える基本文 ④

英語だと「I want to do.」ですね

したいです。

英語だと「How much?」です

いくらですか？

英語だと「Where?」です

どこですか？

ハゴ　　シポヨ
하고 싶어요.

「したくないです」は「ハギ シロヨ」です。

オルマエヨ
얼마예요?

「オルマ?」だけだと「いくら?」と
少しぶっきら棒な言い方になります。

オディエヨ
어디예요?

「あそこですよ」とこたえるときは「チョギエヨ」です
（43ページ参照）。

いろいろ使える基本文 ⑤

乗り物などに乗ったときに

どのぐらいかかりますか？
（時間・料金）

「まさか」と半信半疑な相手に

本当ですよ。

英語だと「I must do.」です

しなくっちゃ。
（しなければなりません）

オルマナ　コルリョヨ
얼마나 걸려요? (時間)
オルマエヨ
얼마예요? (料金)

韓国では時間を聞くときと料金を聞くときの
言い方が異なります。

チョンマリエヨ
정말이에요.

「本当」は「チョンマル (정말)」。

ヘヤ　デヨ
해야 돼요.

「行かなきゃ」は「カヤ デヨ」、
「買わなきゃ」は「サヤ デヨ」です。

いろいろ使えるカタコトフレーズ ❶

急ぐときの決まり文句です

早く早く！

よく使う疑問詞だから覚えてね

何ですか？／
どうしてですか？

タクシーを降りたいとき

ここで止めてください。

ッパルリ ッパルリ
빨리 빨리!

韓国人はセッカチなのでこのことばをとてもよく使います。

ムォエヨ　　　　ウェヨ
뭐예요? / 왜요?

「これ何ですか?」は「イゴ ムォエヨ?」です。

ヨギソ　　セウォ　ジュセヨ
여기서 세워 주세요.

「止めて!」は「セウォジョヨ」です。

いろいろ使えるカタコトフレーズ ❷

これもいろんな場面で使えそうだね

もっと！

渡りに舟。
願ってもない申し出を相手がしてきたときに

きっと！

「当然ですよ」というニュアンスだよ

もちろんです！

ト
더!

「もっとください」は「ト チュセヨ」です。

ッコク
꼭!

「きっとね」は「ッコギヨ」です。
꼭は「必ず、きっと、ぜひ」の意。

ムルロニエヨ
물론이에요!

「ムルロン」は「当然」の意味です。

いろいろ使えるカタコトフレーズ ❸

山の頂上とかで「気分爽快！」ってときに使おう

気持ちいいです！

いろんな場面で使えそう？

最高です！

歩きすぎて脚が棒です

つかれました。

キブン チョアヨ
기분 좋아요!

「キブン」は「気分」「気持ち」。

チェゴエヨ
최고예요!

「最高」の「チェゴ」もよく使われます。

ピゴネヨ
피곤해요.

「ピゴナダ (피곤〔疲困〕하다)」が「疲れている」です。

いろいろ使えるカタコトフレーズ ④

語尾を上げて相手の顔をのぞきこみながら

怒ったの？

これも語尾を上げて使うと疑問文になるよ

眠たいの？

かわいらしく言うといいかも

ダメだよ！

ファナッソヨ
화났어요?

ほかに若者たちがよく使う表現として
「ヨル パダッソ？」もあります。

チョルリョヨ
졸려요?

「眠い」は「チョルリダ（졸리다）」です。

アン デ
안 돼!

年上の人にはより丁寧な「アンデムニダ」を使いましょう。

いろいろ使えるカタコトフレーズ ❺

実感をこめて言ってね

残念です（さびしいです）。

これも実感をこめて言ってね

心配です。

これも実感をこめて言ってね

韓国はとてもすばらしいです。

ソプソペヨ
섭섭해요.

たとえば、別れるときの「名残おしい」という意味です。
形容詞「ソプソパダ」には「心残りだ」「不満だ」「惜しい」
といったいろんなニュアンスが含まれます。

コゥチョンイエヨ
걱정이에요.

「コゥチョン」は「心配」の意味。

ハンググン チョンマル チョアヨ
한국은 정말 좋아요.

この「チョンマル」は「本当に」という意味です。

いろいろ使えるカタコトフレーズ ❻

「男性→女性」のカマカケフレーズ

本当にきれいですね。

「女性→男性」のカマカケフレーズ

とっても
かっこいいですね。

いきなり言うと怪しまれるから気をつけてね

あなたが好きです。

チョンマル　イェプネヨ
정말 예쁘네요.

「かわいい」とか「きれい」は「イェポヨ」でOK！
女性が喜ぶひとことです。男性諸君、ぜひ覚えておきましょう。

ノム　　モシッソヨ
너무 멋있어요.

「ノム」は「とても」で
「モシッソヨ」は「かっこいい」。

タンシヌル　　チョアヘヨ
당신을 좋아해요.

「好きです」の「チョアヘヨ」は、好きな物や趣味を話すとき
にも使えます。「愛しています」なら「サランヘヨ」です。

相手のことをたずねるフレーズ

儒教社会の韓国では
相手より年上か年下かで話し方が変わるので、
初対面で年齢をきくことがあります

何歳ですか？

韓国では初対面でも
誕生日をきかれることがよくあります

誕生日はいつですか？ /
何年生まれですか？

韓国はインターネットが盛んです

メールアドレスを
教えてください。

ミョッサリムニカ
몇 살입니까?

目上の人には「ヨンセガ オットケ テセヨ？」
（연세가 어떻게 되세요？）とききましょう。

センイルン　オンジェイムニカ
생일은 언제입니까？/
ミョンニョンセンイムニカ
몇 년생입니까？

「センイル」は漢字で書くと「生日」で「誕生日」の意味です。

メイル　チュソルル　カルチョ　ジュセヨ
메일 주소를 가르쳐 주세요.

「チュソ」は「住所」すなわち「アドレス」のこと、
「メール送ってください」なら「メイル ポネ ジュセヨ」です。

十二支

私は○○年です。

子(ね・ねずみ)年
1936/1948/1960/1972/1984/1996/2008

쥐띠 (チュィティ)

丑(うし)年
1937/1949/1961/1973/1985/1997/2009

소띠 (ソティ)

寅(とら)年
1938/1950/1962/1974/1986/1998/2010

호랑이띠 (ホランイティ)

卯(う・うさぎ)年
1939/1951/1963/1975/1987/1999/2011

토끼띠 (トッキティ)

辰(たつ)年
1940/1952/1964/1976/1988/2000/2012

용띠 (ヨンティ)

巳(み・へび)年
1941/1953/1965/1977/1989/2001/2013

뱀띠 (ペムティ)

※年齢にからんで、えと（十二支）の話は韓国でもよく話題に上がります。

> チョヌン　　　　　　ティイムニダ
> **저는 ○○띠입니다.**

午（うま）年
1942/1954/1966/1978/1990/2002/2014

マルティ
말띠

未（ひつじ）年
1943/1955/1967/1979/1991/2003/2015

ヤンティ
양띠

申（さる）年
1944/1956/1968/1980/1992/2004/2016

ウォンスンイティ
원숭이띠

酉（とり）年
1945/1957/1969/1981/1993/2005/2017

タㇰティ
닭띠

戌（いぬ）年
1946/1958/1970/1982/1994/2006/2018

ケティ
개띠

亥（い・いのしし※）年
1947/1959/1971/1983/1995/2007/2019

テジティ
돼지띠

※韓国語では干支の12番目は「いのしし」ではなく「ぶた」

十二星座

私は〇〇座です。

みずがめ座
1月半ば〜2月半ば

<ルビ>ムルビョンジャリ</ルビ>
물병자리

うお座
2月半ば〜3月半ば

<ルビ>ムルコギジャリ</ルビ>
물고기자리

おひつじ座
3月半ば〜4月半ば

<ルビ>ヤンジャリ</ルビ>
양자리

おうし座
4月半ば〜5月半ば

<ルビ>ファンソジャリ</ルビ>
황소자리

ふたご座
5月半ば〜6月半ば

<ルビ>サンドゥンイジャリ</ルビ>
쌍둥이자리

かに座
6月半ば〜7月半ば

<ルビ>ケジャリ</ルビ>
게자리

※星座の変わり目はその月のだいたい20日前後（年によって、また占いによっても変わります）

저는 ○○자리입니다.
チョヌン　　○○ジャリイムニダ

しし座
7月半ば〜8月半ば

사자자리
サジャジャリ

おとめ座
8月半ば〜9月半ば

처녀자리
チョニョジャリ

てんびん座
9月半ば〜10月半ば

천칭자리
チョンチンジャリ

さそり座
10月半ば〜11月半ば

전갈자리
チョンガルジャリ

いて座
11月半ば〜12月半ば

사수자리
サスジャリ

やぎ座
12月半ば〜1月半ば

염소자리
ヨムソジャリ

家族・親族の言い方

祖父／祖母

父／母

兄
(2つの言い方があります)

姉
(こちらも2つの言い方があります)

弟／妹

おじさん／おばさん

ハラボジ　　　　　　ハルモニ
할아버지／할머니

アボジ　　　　　オモニ
아버지／어머니

ヒョン
{ **형** 　（男性が兄を呼ぶとき）
オッパ
　오빠 （女性が兄を呼ぶとき）

ヌナ
{ **누나** （男性が姉を呼ぶとき）
オンニ
　언니 （女性が姉を呼ぶとき）

ナムドンセン　　　　ヨドンセン
남동생／여동생

アジョシ　　　　アジュムマ
아저씨／아줌마

※韓国では実のきょうだいでなくても、たとえば女性が年上の彼氏や男友達を「オッパ」、男性が年上の女性を「ヌナ」と呼んで親しみの気持ちを表します。

基本的な助詞

「～は」という意味の助詞	는 / 은 ヌン ウン
「～が」という意味の助詞	가 / 이 ガ イ
「～を」という意味の助詞	를 / 을 ルル ウル
「(だれだれ) に」という意味の助詞	에게 エゲ
「～の」という意味の助詞	의 エ
「(どこどこ)に」という"場所"をあらわす助詞	에 エ
「(どこどこ)で、(どこどこ)から」という"場所"や"起点"をあらわす助詞	에서 エソ
「～で」という"手段"をあらわす助詞	로 / 으로 ロ ウロ ※로/으로には方向などの意味もあります。
「～も」という意味の助詞	도 ト
「～と」という意味の助詞	하고 ハゴ

【 韓国語は日本語と文法や語順が似ています。だから、助詞を何種類か覚えるだけで表現の幅がグンとひろがります。ここでは基本的な助詞を10種類、紹介します。】

ex) わたしは→チョヌン　春は→ポムン
　　　　　　저는　　　　　　봄은

ex) わたしが→チェガ　春が→ポミ
　　　　　　제가　　　　　봄이

ex) わたしを→チョルル　春を→ポムル
　　　　　　저를　　　　　　봄을

ex) わたしに→チョエゲ　田中さんに→タナカシエゲ
　　　　　　저에게　　　　　　　　다나카 씨에게

ex) わたしたちの→ウリエ　春の→ポメ
　　　　　　　우리의　　　　　봄의

ex) 学校に→ハッキョエ　家に→チベ
　　　　　학교에　　　　　집에

ex) 学校で(から)→ハッキョエソ　家で(から)→チベソ
　　　　　　　학교에서　　　　　　　　집에서

ex) 車で→チャロ　スプーンで→スッカラグロ
　　　차로　　　　　　　숟가락으로

ex) あれも→チョゴット　これも→イゴット
　　　　　저것도　　　　　　이것도

ex) わたしと→チョハゴ　これと→イゴハゴ
　　　　　　저하고　　　　　　이거하고

漢数詞と固有数詞

漢数詞		
0(零)	ヨン	영
1(一)	イル	일
2(二)	イ	이
3(三)	サム	삼
4(四)	サ	사
5(五)	オ	오
6(六)	ユク(リュク)	육(륙)
7(七)	チル	칠
8(八)	パル	팔
9(九)	ク	구
10(十)	シプ	십
11(十一)	シビル	십일
12(十二)	シビ	십이

13(十三)	シプサム	십삼
14(十四)	シプサ	십사
15(十五)	シボ	십오
16(十六)	シムニュク	십육
17(十七)	シプチル	십칠
18(十八)	シプパル	십팔
19(十九)	シプク	십구
20(二十)	イシプ	이십
30(三十)	サムシプ	삼십
40(四十)	サシプ	사십
50(五十)	オシプ	오십
60(六十)	ユクシプ	육십
70(七十)	チルシプ	칠십
80(八十)	パルシプ	팔십
90(九十)	クシプ	구십

【百以上の位】

百	ペク	백
千	チョン	천
万	マン	만

> [漢数詞] 日本語の「イチ・ニ・サン・シ」に対応します
> [固有数詞] 日本語の「ひぃ・ふぅ・みぃ・よぅ（ひとつ・ふたつ・みっつ・よっつ）」に対応します

十万	シムマン	십만
百万	ペンマン	백만
千万	チョンマン	천만
一億	イロク	일억
一兆	イルチョ	일조

固有数詞

一つ	ハナ	하나
二つ	トゥル	둘
三つ	セッ	셋
四つ	ネッ	넷
五つ	タソッ	다섯
六つ	ヨソッ	여섯
七つ	イルゴプ	일곱
八つ	ヨドル	여덟
九つ	アホプ	아홉
十	ヨル	열

11	ヨラナ	열하나
12	ヨルトゥル	열둘
13	ヨルセッ	열셋
14	ヨルレッ	열넷
15	ヨルタソッ	열다섯
16	ヨルリョソッ	열여섯
17	ヨルリルゴプ	열일곱
18	ヨルリョドル	열여덟
19	ヨラホプ	열아홉
20	スムル	스물
30	ソルン	서른
40	マフン	마흔
50	シュィン	쉰
60	イェスン	예순
70	イルン	일흔
80	ヨドゥン	여든
90	アフン	아흔

漢数詞を使う助数詞

意味	読み	ハングル	例
～ウォン（通貨単位）	ウォン	원	오만 원 (5万ウォン) [オマ ヌォン]
～年	ニョン	년	이천사 년 (2004年) [イチョンサ ニョン]
～月	ウォル	월	팔월 (8月) [パロル]
～日	イル	일	십오 일 (15日) [シボ イル]
～分（時間）	プン	분	이십 분 (20分) [イシップン]
～階	チュン	층	삼십 층 (30階) [サムシプ チュン]
～度（回数・角度）	ト	도	사십 도 (40度) [サシプ ト]
～番	ポン	번	오십 번 (50番) [オシップォン]
～回	フェ	회	육십 회 (60回) [ユクシ ペ]
～世紀	セギ	세기	이십일 세기 (21世紀) [イシビル セギ]
～等（位）	トゥン	등	일 등 (1等) [イル トゥン]
～人分	インブン	인분	이 인분 (2人分) [イ インブン]

※ 6月と10月は例外的に［ユウォル (유월)］［シウォル (시월)］となります。
※ 1万ウォンは「1」をつけずに［マヌォン (만원)］となります。また電話番号などで「ゼロ（0）」は［コン (공)］といいます。

固有数詞を使う助数詞

～時 (時間)	シ	시	ハン シ 한 시 ※	(1時)
～時間	シガン	시간	トゥ シガン 두 시간 ※	(2時間)
～本・瓶	ピョン	병	セ ビョン 세 병 ※	(3本)
～個	ケ	개	ネ ゲ 네 개 ※	(4個)
～人	サラム	사람	タソッ サラム 다섯 사람	(5人)
～歳	サル	살	ヨソッ サル 여섯 살	(6歳)
～匹	マリ	마리	イルゴム マリ 일곱 마리	(7匹)
～巻	クォン	권	ヨドル クォン 여덟 권	(8巻)
～枚	チャン	장	アホプ チャン 아홉 장	(9枚)
～台	テ	대	ヨル テ 열 대	(10台)
～か月	タル	달	ハン ダル 한 달	(1か月)
～杯	チャン	잔	トゥ ジャン 두 잔	(2杯)

※ 固有数詞は助数詞が直後につくと、形が変わるものがあります。

ハナ　ハン　トゥル　トゥ　セッ　セ　ネッ　ネ
하나 → 한　둘 → 두　셋 → 세　넷 → 네

曜日や四季、時間帯などの言い方

曜日と週

月曜日	ウォリョイル	월요일
火曜日	ファヨイル	화요일
水曜日	スヨイル	수요일
木曜日	モギョイル	목요일
金曜日	クミョイル	금요일
土曜日	トヨイル	토요일
日曜日	イリョイル	일요일
一週間	イルチュイル	일주일
今週	イボンチュ	이번 주
先週	チナンジュ	지난주
来週	タウムチュ	다음 주

四季

春	ポム	봄
夏	ヨルム	여름
秋	カウル	가을
冬	キョウル	겨울

その他

朝	アチム	아침
昼	ナッ	낮
午前	オジョン	오전
午後	オフ	오후
夕方	チョニョク	저녁
夜	パム	밤
今日	オヌル	오늘
昨日	オジェ	어제
明日	ネイル	내일
一昨日	クジョケ	그저께
明後日	モレ	모레
今年	オレ	올해
昨年	チャンニョン	작년
来年	ネニョン	내년
今月	イダル	이달
先月	チナンダル	지난달
来月	タウムタル	다음 달

韓国でいまだに通じる日本語

日常生活編

スリ	스리	すりに財布をすられたときに叫びます。
イッパイ	이빠이	そのまんま「たくさん」という意味。
マンタン	만땅	車のガソリンを入れるときによく使います。
ユドリ	유도리	日本では「余裕」の意味ですが、韓国では「融通性」の意味で使います。
チラシ	찌라시	たのみもしないのにポストに入っている広告です。
キス	기스	「傷」のこと。韓国では「キス」と言うので注意。
サラ	사라	「おさら」のこと。居酒屋などで見かける「取り皿」のことです。
ヨジ	요지	「つまようじ」のことです。韓国では「ヨジ」と言うので注意。
ワリバシ	와리바시	「わりばし」です。
スメキリ	쓰메키리	「つめきり」のことです。韓国では「スメキリ」と発音します。
タンス	단스	「たんす（箪笥）」です。
ウワギ	우와기	「うわぎ（上着）」です。
エンコ	엥꼬	韓国では「ガス欠」でエンジンストップしたときに使います。
エリ	에리	服の「えり（襟）」のこと。
モンペパジ	몸빼바지	「パジ」はズボン。市場のおばさんの仕事着。

【※韓国語（ハングル）では、日本語の「ず」や「つ」は発音しにくいため ず→じゅ、つ→す に変化している。】

ソデナシ	소데나시	「そでなし」＝袖のない服。要するに「ノースリーブ」のこと。
コンジョウ	곤죠	「こんじょう(根性)」です。日本ではいい意味で使われることもありますが、韓国ではだいたい悪い意味で使われます。
プンパイ	뿜빠이	漢字で書くと「分配」。韓国では、「割り勘」の意味で使われています。
タマ	다마	「電球」のこと。

食べ物編

タマネギ	다마네기	「タマネギ」です。
ウドン	우동	日本の「うどん」です。
スシ	스시	「すし」です。
サシミ	사시미	「さしみ（刺身）」です。
チリ	지리	「ちり鍋」のことです。
アナゴ	아나고	海の魚の「あなご（穴子）」です。
アンコパン	안꼬빵	「アンパン」です。
オデン	오뎅	「おでん」です。
タックァン	닥꽝	「たくあん」です。考案者とされる沢庵和尚も驚いているかも。
ミカン	미깡	「みかん」です。
スキダシ	스끼다시	食堂や居酒屋などでたのまなくても出てくる小皿料理のこと。

著者略歴

李 知胤(イ・ジユン)

1974年韓国ソウル生まれ。日本大学芸術学部映画学科(シナリオコース)卒業。映画『RUN 2 U』の通訳および字幕翻訳、『風のファイター』の通訳など、各方面で活躍中。好きな俳優はウォンビン、チャン・ドンゴン。

監修者略歴

増田 忠幸(ますだ・ただゆき)

1956年埼玉県川越市生まれ。ICU(国際基督教大学)卒(異文化間コミュニケーション専攻)。韓国・延世大学国際学部に留学したのち、延世大学外国語学堂日本語講師、NHKテレビ・ラジオハングル講座講師、都立日比谷高校韓国語教師などを歴任。現在、秀林外語専門学校講師。おもな著書に『韓国語のかたち』『韓国語のしくみ』『こんなにわかるハングル』(以上、白水社)、『韓国人が日本人によく聞く100の質問』『韓国語ステップアップ20』『つたえる韓国語 入門編/基礎編/応用編』(以上、三修社)、『コツコツ君が行く! 韓国語レッスン30日』(アスク出版)。

カバー&本文デザイン■一柳 茂(クリエーターズ・ユニオン)
本文組版■ P.WORD
イラスト■飯塚マリエ

〔増補改訂版〕やさしい韓国語 カタコト会話帳

2016年 7月21日　第1刷発行
2025年10月13日　第2刷発行

著　　者——李 知胤(イ・ジユン)
監 修 者——増田 忠幸
発 行 者——徳留 慶太郎
発 行 所——株式会社すばる舎
　　　　　　東京都豊島区東池袋3-9-7 東池袋織本ビル(〒170-0013)
　　　　　　　　TEL 03-3981-8651 (代表)
　　　　　　　　　　 03-3981-0767 (営業部直通)
　　　　　　　　FAX 03-3981-8638
　　　　　　　　振替 00140-7-116563
印　　刷——株式会社シナノ

落丁・乱丁本はお取り替えいたします
©Lee Ji-Yoon 2016 Printed in Japan
ISBN978-4-7991-0542-9

日本の都道府県名と各庁所在地

自分の出身地をハングルで書いてみよう

沖縄

- 那覇 なは **나하**
- 沖縄 おきなわ **오키나와**

近畿（2府5県）

県名	庁所在地
三重 みえ **미에**	津 つ **쓰**
滋賀 しが **시가**	大津 おおつ **오쓰**
京都 きょうと **교토**	京都 きょうと **교토**
奈良 なら **나라**	奈良 なら **나라**
大阪 おおさか **오사카**	大阪 おおさか **오사카**
兵庫 ひょうご **효고**	神戸 こうべ **고베**
和歌山 わかやま **와카야마**	和歌山 わかやま **와카야마**

中国（5県）

県名	庁所在地
鳥取 とっとり **돗토리**	鳥取 とっとり **돗토리**
島根 しまね **시마네**	松江 まつえ **마쓰에**
岡山 おかやま **오카야마**	岡山 おかやま **오카야마**
広島 ひろしま **히로시마**	広島 ひろしま **히로시마**
山口 やまぐち **야마구치**	山口 やまぐち **야마구치**

九州（7県）

県名	庁所在地
福岡 ふくおか **후쿠오카**	福岡 ふくおか **후쿠오카**
大分 おおいた **오이타**	大分 おおいた **오이타**
佐賀 さが **사가**	佐賀 さが **사가**
長崎 ながさき **나가사키**	長崎 ながさき **나가사키**
熊本 くまもと **구마모토**	熊本 くまもと **구마모토**
宮崎 みやざき **미야자키**	宮崎 みやざき **미야자키**
鹿児島 かごしま **가고시마**	鹿児島 かごしま **가고시마**

四国（4県）

県名	庁所在地
徳島 とくしま **도쿠시마**	松山 まつやま **마쓰야마**
愛媛 えひめ **에히메**	徳島 とくしま **도쿠시마**
高知 こうち **고치**	高松 たかまつ **다카마쓰**
香川 かがわ **가가와**	高知 こうち **고치**